Manfred Ebert

Schulden abbauen

EIN RATGEBER

© 2014 Michael Möhring Verlag

www.michael-moehring-verlag.de

Coverbild: © Gina Sanders - Fotolia.com

ISBN-13: 978-1512304435
ISBN-10: 1512304433

Inhalt

Einleitung

„Wenn du die Absicht hast, dich zu erneuern, tu es jeden Tag."
Konfuzius

„Wenn die Entscheidung getroffen ist, sind die Sorgen vorbei!"
Marcus Tullius Cicero

Schulden sind eine unangenehme Sache. Oft machen sie krank und nicht selten erscheint der Versuch, sie zurückzuzahlen, hoffnungslos.

Wenn Sie trotzdem versuchen wollen, sich von Schulden zu befreien, wird Ihnen dieses E-Book dabei helfen.

Die Zeit der Schuldentilgung kann schön und äußerst spannend sein. Jeder Monat ist ein Kampf, der anfangs mit kleineren, später mit größeren Erfolgen gefeiert werden kann. Jeder dieser Erfolge kann unsagbar stolz und glücklich machen. Zwar kann Schuldentilgung eine Zeit starker Einschränkungen sein, aber darüber tröstet bald das gute Gefühl hinweg, weniger abhängig zu sein.

Hinweise, wie Sie sich mit Hilfe eines Insolvenzantrages von Ihren Schulden befreien können, werden Sie in diesem Buch nicht finden. Es geht ausschließlich um die Rückzahlung mit dem Geld, was Ihnen zur Verfügung steht. Sie werden jedoch jede Menge Hinweise finden, was Sie persönlich – ohne jegliche Hilfe – tun können, um schuldenfrei zu werden.

Dabei wünsche ich Ihnen viel Erfolg!

Ihr
Manfred Ebert

Was ist schlimm an Schulden?

„Große Werke vollbringt man nicht mit Kraft, sondern mit Ausdauer."
Samuel Johnson

Die Schulden, die gemacht wurden, sind oft nicht das eigentliche Problem. Sich für kurze Zeit zu verschulden kann hilfreich sein. Es ist mühsam, auf eine Waschmaschine zu sparen, wenn die alte gerade kaputt gegangen ist und ein Berg Schmutzwäsche gewaschen werden will. Auch der schnelle Kauf eines Autos kann nötig sein.

Für die Schulden, die aufgenommen werden, bekommt man einen Gegenwert, das macht sie nicht zu einer schlimmen Sache.

Das Problem liegt woanders, nämlich in den Zinsen. Hier bezahlt man für etwas, wofür man keinen direkten Gegenwert sieht. Und man bezahlt es Monat für Monat.

Das Problem Zinsen

Der springende Punkt sind also die Zinsen. Die eigentliche Summe, die zurückgezahlt werden muss, ist zweitrangig. Dafür wurden schöne oder nützliche Dinge gekauft. Diese Gegenstände besitzt man, und hätte man das Geld für diese Dinge auf dem Konto gehabt, wäre dieses Geld ebenfalls ausgegeben worden.

Mit den Zinsen ist es anders. Für dieses Geld kann man sich nichts kaufen, wohl aber das Geldinstitut. Deshalb ist es wichtig, jeden Euro, den Sie erübrigen können, in die Schuldentilgung zu stecken, denn **jeder Cent, den Sie an Zinsen sparen können, steht Ihnen fortan jeden Monat zur Verfügung.** Dieses Geld können Sie wiederum dazu verwenden, den Schuldenberg kleiner werden zu lassen. Der Schuldenabbau wird sich so weiter beschleunigen.

Eine Kreditkarte kann nützlich sein

Es gibt zwei unterschiedliche Zahlweisen bei der Rückzahlung von Schulden. Bei einer Zahlweise ist das Geld, welches man für die Schuldentilgung eingesetzt hat, unwiderruflich aus den Händen. Bei der anderen Zahlweise kann man sich das Geld, welches man bereits für die Schuldentilgung überwiesen hat, wieder zurückholen.

Immer wieder bekommen Schuldner den Rat, ihre Kreditkarte zu zerschneiden, um nicht verleitet zu werden, sie für Käufe einzusetzen. Das halte ich für falsch. Lassen Sie stattdessen die Karten einfach zu Hause und setzen Sie sie auch nicht im Internet ein. Mit einer funktionierenden Kreditkarte sind Sie bei der Schuldentilgung immer auf der sicheren Seite. Falls eine Rate zu hoch war oder eine unerwartete Ausgabe kommt, können Sie die nächste Rechnung trotzdem bezahlen, nämlich mit der Kreditkarte.

Der einzige Nachteil wäre dann, dass die Summe der Rückzahlung kurzzeitig geschmälert wird.

Wenn Sie Kreditkarte zerschneiden, wäre es leichtsinnig, Raten zurückzuzahlen, die Sie im unglücklichsten Fall zahlungsunfähig machen. Eine Überweisung von der Kreditkarte zum Giro-Konto, die mit einer zerschnittenen Kreditkarte noch möglich wäre, würde aufgrund der

Überziehung zusätzliche Kosten verursachen. Außerdem könnte die Bank auch nein sagen. Was wäre dann? Mit der Kreditkarte können Sie als Rate so viel wie möglich zurückzahlen, und sparen Zinsen.

Eine Kreditkarte gibt Ihnen auch Sicherheit, wenn der Fernseher, der Kühlschrank oder die Waschmaschine kaputt gehen sollte. Es ist deshalb nicht nötig, zu Hause ein kleines Polster für mögliche Reparaturen anzulegen.

Dieses Polster stecken Sie lieber in die Schuldentilgung.

Einmal die Zähne zusammenbeißen

Es gibt viele Monate im Jahr, da stehen kaum größere Ausgaben an. Nutzen Sie diese Monate, um so viel wie möglich zurückzuzahlen. Nur eine Summe, die für Lebensmittel gebraucht wird, muss zurückgelegt werden, der Rest kann in die Schuldentilgung wandern.

Wenn das Einkommen schon einige Tage vor dem ersten des Monats auf dem Konto ist, räumen Sie das Konto für die Schuldentilgung leer, bevor der eigentliche Monat überhaupt beginnt. Zahlen Sie Ihre Schulden ab, sobald das Geld gutgeschrieben ist.

Wenn Zahlungen wie Miete, Nebenkosten oder Energie abgezogen bzw. überwiesen sind, sollte Ihr Kontostand **0,00 €** anzeigen.

Durch die frühzeitige Überweisung sparen Sie jede Menge Geld, denn die Zinsen werden täglich berechnet. Lassen Sie das Geld auf dem Giro-Konto, bringt es Ihnen keinerlei Vorteile, denn dort gibt es in der Regel keine Zinsen.

Überweisen Sie auch geringe Beträge, wenn Sie das Geld erübrigen können. Ist das Geld überwiesen und nicht mehr auf dem Konto, stellen Sie sich vor sie hätten Sie sich dafür etwas gekauft. Nur gaben Sie das

Geld nicht der Kassiererin an der Supermarktkasse, sondern hoben sich damit ein weiteres kleines Stück aus dem tiefen schwarzen Schuldenloch, in dem Sie sich befinden. Bezahlen Sie weniger in Geschäften, bezahlen Sie die Bank! Das Ergebnis wird viel schöner sein, als die Gegenstände, die Sie gekauft hätten.

Wenn alles Geld zur Schuldentilgung verwendet wird und das Giro-Konto auf 0,00 Euro steht, bringt Ihnen das noch einen weiteren Vorteil: Sie können nicht mal schnell etwas kaufen, was Sie nicht unbedingt benötigen. Die Angst, dann nicht mit dem Geld hinzukommen, wird Sie zur Sparsamkeit zwingen.

***

Nachfolgend einige Tipps, die Ihnen die Schuldenrückzahlung erleichtern können.

Nicht alle Tipps werden für Sie hilfreich sein. Suchen Sie sich die heraus, die Sie gebrauchen können. Einige dieser Tipps können Sie vielleicht in abgewandelter Form nutzen.

Tipp 1

Machen Sie sich klar, was Ihnen entgeht

„Nicht das Beginnen wird belohnt, sondern einzig und allein das Durchhalten."
Katharina von Siena

In vielen Fällen sind Schulden keine einmalige Angelegenheit. Ich kenne Leute, die, sobald sich ihre Schulden dem Ende näherten, einen neuen Kredit aufnahmen. **Auf diese Weise kamen sie nie aus den Schulden heraus.** Das Ende vom Lied war, dass sie sogar im Rentenalter trotz guter Rente arbeiten mussten, um alle Rechnungen begleichen zu können.

Die Bank machte es ihnen leicht, denn sie zahlten immer pünktlich ihre monatliche Rate. Gerade wenn es kaum ein Problem darstellt, die monatliche Rate für die Schuldentilgung aufzubringen, haken Banken gerne nach.

Das, was die Bank hier macht, ist nichts anderes, als wenn Sie Ihrem Arbeitgeber anbieten würden, mehr zu arbeiten, um mehr Geld zu verdienen. Stellen Sie sich also vor, Sie sind der Arbeitgeber Ihrer Bank und finanzieren deren Gehalt.

Vielleicht sagt Ihr Chef nein, und Sie müssen weiterhin mit dem Geld auskommen, was Sie gerade verdienen. **Der Chef behält also sein Geld.** Nicht anders müssen Sie bei Schulden handeln. Sie müssen das Geld nicht für eine Dienstleistung (Geld verborgen) ausgeben, die Ihnen die Bank anbietet. Sorgen Sie aber dafür, dass Sie die derzeitige Dienstleistung der Bank (ab)bezahlen.

Streifen Sie einmal bewusst durch verschiedene Elektro-Märkte und sehen Sie sich die Produkte an, die Sie sich jeden Monat kaufen könnten, wenn die Zinsen nicht wären. Dort sehen Sie Dampfgarer, Eierkocher, Kaffeemaschinen, elektrische Messer und viele andere Dinge mehr. Auch wenn Sie davon nichts brauchen, können diese Gegenstände Ihnen zeigen, was Sie dem Geldinstitut jeden Monat schenken: Das könnte beispielsweise eine Kaffeemaschine der gehobenen Preisklasse sein, oder einige Toaster, oder mehrere Wasserkocher, oder ein paar Bügeleisen, oder ... **Monat für Monat!**

Gehen Sie auch zu den teureren Geräten. Einen Kühlschrank „schenken" Sie dem Geldinstitut vielleicht alle drei Monate, eine Mikrowelle der Extraklasse vielleicht alle fünf Monate. Jedes Jahr einen großen LCD-Fernseher. Ein Laser-Faxgerät alle ein, zwei Monate. Jeden Monat einen Staubsauger oder einen Brotbackautomaten.

All diese Geräte zu sehen, machen Ihnen die Tragweite bewusst, die Sie mit der Aufnahme der Schulden eingegangen sind.

Tipp 2

Borgen Sie sich Geld von Freunden oder Verwandten

Wenn es möglich ist, borgen Sie sich Geld von Ihren Verwandten und zahlen Sie damit Ihre Schulden zurück. Ihre Verwandten werden Ihnen sicher weniger – wenn überhaupt – Zinsen berechnen. Die Zinsen, die Sie dadurch einsparen, können Sie für die Rückzahlung verwenden.

In anderen Ländern, beispielsweise in Vietnam, ist das gängige Praxis. Dort helfen sich die Verwandten gegenseitig, wenn das Geld knapp ist. Hier in Deutschland geht man gewöhnlich erst zu einer Bank, und fragt dort nach.

Tipp 3

Zahlen Sie bei Kreditkartenschulden so viel wie möglich zurück

Kreditkarten haben den Vorteil, dass man damit bezahlen kann. Alles Geld, was Sie auf die Kreditkarte zur Schuldentilgung überweisen, steht Ihnen auch weiterhin zur Verfügung.

Haben Sie also Schulden bei einem Kreditkarteninstitut, zahlen Sie jeden Cent zurück, den Sie entbehren können. Haben Sie sich bei der Rückzahlung zu viel zugetraut, können Sie wieder auf dieses Geld zurückgreifen.

Nicht anders verhält es sich bei Schulden beim Giro-Konto. Lassen Sie kein Geld zu Hause, das Sie nicht unbedingt brauchen. Zahlen Sie es auf das Giro-Konto ein, und heben Sie es erst ab, wenn Sie es benötigen.

Sie können auch einige Tage oder gar Wochen gänzlich ohne Bargeld auskommen. Zahlen Sie mit ec-Karte. Bei Schulden auf dem Giro-Konto ist Ihre Rückzahlung dann am höchsten, weil Sie nur das Geld abheben, was Sie ausgeben. Jeder Cent, der auf der Bank verbleibt, verringert die Schuldenlast – oder kann für die Verringerung anderer Schulden überwiesen werden.

Tipp 4

Kleinvieh gibt auch Mist

„Sobald der Geist auf ein Ziel gerichtet ist, kommt ihm vieles entgegen."
Johann Wolfgang von Goethe

Wenn Sie Geld für die Schuldentilgung überweisen, dann überweisen Sie keine runden Summen. Was macht es für einen Unterschied, ob man 25,00 Euro zurückzahlt, oder 25,99 Euro? In den allermeisten Fällen kann auf diese 99 Cent auch noch verzichtet werden.

Zahlen Sie Schulden von Ihrem Giro-Konto ab, rechnen Sie sich genau aus, wie viel Geld Sie für den laufenden Monat brauchen, ziehen noch einmal einige Euro ab, damit der Anreiz zu Sparen noch größer ist, und zahlen Sie dann zurück, was an Geld übrigbleibt. Sollten Sie sich übernehmen, kann eine Rechnung immer noch mit der Kreditkarte oder dem Dispositionskredit beglichen werden.

Tipp 5

Machen Sie es wie die Kaufleute

Überweisen Sie Rechnungen erst am Tag der Fälligkeit.

Das ist mit Terminüberweisungen kein Problem. Zinsen sind jeden Tag fällig. Und jeder Tag, den eine Rechnung später überwiesen wird, erspart Ihnen unnötige Zinsen.

Tipp 6

Nutzen Sie Online-Banking

Viele Leute meinen, Online-Banking sei nicht sicher genug und verzichten deshalb auf diese tolle Sache. Tatsächlich jedoch ist Online-Banking ziemlich sicher. Ich nutze es seit der Zeit, als es von den Banken angeboten wurde und bis heute hat mir noch niemand mein Konto geplündert. Ich glaube, die Gefahr, dass einem Geld am Geldautomaten geraubt wird, oder dass man sich bei der Überweisung in der Bank vertippt und das Geld so auf einem fremden Konto landet, ist größer, als Online-Banking selbst.

Online-Banking hat viele Vorteile. Ein Vorteil sei hier besonders hervorgehoben: Sie können schnell etwas überweisen. Jeden unerwarteten Zahlungseingang sehen Sie sofort und er kann augenblicklich auf das Schuldenkonto überwiesen werden.

Sprechen Sie mit Ihrer Bank oder Sparkasse, bis zu welcher Uhrzeit Überweisungen getätigt werden müssen, damit sie noch am selben Tag gebucht werden. Für jeden Tag Verzögerung zahlen Sie mehr Zinsen.

Tipp 7

Kontrollieren Sie Ihre Kontoauszüge

Gehen Sie Ihre Kontoauszüge der letzten Monate durch. Achten Sie auf alle Ausgaben, die nicht unbedingt sein müssen. Das können beispielsweise Gebühren für Geldabhebungen an fremden Geldautomaten sein, unnötige Abonnements, Versicherungen oder Mitgliedschaften.

Vor einigen Jahrzehnten hatte ich mir einmal diese Mühe gemacht. Dabei stellte ich fest, dass ich rund 300,00 DM monatlich für Dinge ausgab, die ich eigentlich gar nicht brauchte.

Heute, in Zeiten des Internets, ist es teilweise noch leichter, Geld zu sparen. So kann man nach günstigeren Strom- oder Gasanbietern suchen, nach günstigeren Versicherungen oder statt der Zeitung die Nachrichten im Netz lesen. Auch eine Fernsehzeitschrift ist heute nicht mehr nötig. Der Betrag mag zwar lächerlich gering sein, aber wie ich schon schrieb: Jeder Euro, den Sie zurückgezahlt haben, spart Ihnen Zinsen – Geld, das Sie fortan jeden Monat mehr in der Tasche haben.

Tipp 8

Führen Sie Tagebuch

Halten Sie Ihren Weg, den Sie bei der Schuldentilgung gehen, schriftlich fest. Das kann in geschriebener Form oder mittels einer Tabelle erfolgen. Derartige Aufzeichnungen können Sie später davon abhalten, wieder in die Schuldenfalle zu tapsen.

Mit der Aufzeichnung kleiner Erfolge beschäftigen Sie sich mit dem Abbau der Schulden. Immer wieder werden sie so ins Gedächtnis zurückgerufen. Wenn Sie sie nachlesen, können Sie sich an den Erfolgen erfreuen, und die werden Ihnen Mut geben, weiterzumachen.

Verdrängen Sie nicht Ihre Schulden, indem Sie monatlich einfach nur eine bestimmte Summe zurückzahlen. **Schuldenabbau ist ein Kampf, der täglich geführt werden muss.** Sie zahlen ja auch täglich Zinsen.

Wenn Sie am Computer sitzen, warum dann nicht ein Tagebuch – es kann natürlich auch eine Excel- bzw. Calc-Tabelle sein – führen?

Tipp 9

Vermeiden Sie Abbuchungen

Vermeiden Sie nach Möglichkeit Abbuchungen und überweisen Sie stattdessen per Online-Banking oder Terminüberweisung.

Mit einer Überweisung bestimmen Sie den Zeitpunkt des Geldtransfers. Verzögert sich ein Zahlungseingang um einige Tage, besteht so nicht die Gefahr, zu weit ins Soll abzurutschen. Bei Überweisung zahlen Sie einfach dann, wenn das Geld auf dem Konto ist. Bei einem Tag zu später Überweisung werden Sie in den allermeisten Fällen keine Mahnung bekommen.

Tipp 10

Arbeiten Sie mit einer Tabellenkalkulation

Wichtig ist es, die Finanzen ständig im Überblick zu haben. Eine Tabellenkalkulation kann eine gute Hilfe sein. Sie können dort alle

Einnahmen und Ausgaben auflisten, die Tage bis zum nächsten Geldeingang errechnen, ausrechnen, wie viel Geld Ihnen pro Tag zur Verfügung steht, auf welchen Wochentag der nächste Zahltag fällt und vieles mehr.

In einer Tabellenkalkulation können Sie alle Abbuchungen von der Girokarte, Internetkäufe oder Abbuchungen vom Geldautomaten notieren. Wichtig ist hierbei, dass Sie diese Tabelle ständig aktuell halten.

Ein weiterer Vorteil ist, dass Sie viele Jahre zurückverfolgen können, wie Ihre finanzielle Situation war. Dieses können Sie erreichen, indem Sie Ihre Tabelle jeden Monat unter einem neuen Namen abspeichern und die alte Datei archivieren.

Sie können verschiedene Farben verwenden, zum Beispiel schwarz für offene Buchungen, blau für erledigte Buchungen, grün für baldige Abbuchungen usw. Das macht es ihnen leicht, Posten in der Tabelle zu löschen, wenn Sie Ihren Finanzstatus überprüfen wollen, ob er auch wirklich mit dem der Bank übereinstimmt.

Im Kapitel „Arbeiten mit einer Tabellenkalkulation" finden Sie eine Anleitung, wie Sie eine solche Tabelle erstellen können.

Tipp 11

Sehen Sie bei der Schuldenrückzahlung nicht in die Zukunft

„Die Planer planen, und das Schicksal lacht darüber."
Mohammed

Sich vorzustellen, wie lange es dauern würde, bis die Schulden zurückgezahlt sind, ist denkbar schlecht.

Es ist kaum möglich, diesbezüglich genaue Aussagen zu machen. Andere Umstände können andere finanzielle Situationen hervorrufen. Und oft wird nicht so heiß gegessen, wie gekocht wird.

Wenn Sie erst einmal anfangen, Schulden zurückzuzahlen, können positive Situationen eintreten, mit denen Sie anfangs nicht gerechnet haben. Und selbst wenn die Situation sich verschlimmert, stehen Sie immer noch einen Tick besser da, als wenn der Schuldenberg so hoch wie am Anfang wäre.

Tipp 12

Seien Sie ehrlich mit sich selbst

Es passiert mir häufig, dass ich ungläubig angeguckt werde, wenn ich jemandem erzählte, ich benötige für eine dreiköpfige Familie nicht mehr als 9 Euro pro Tag, um gut leben zu können.

Sind wir doch einmal ehrlich, die überwiegende Mehrzahl der Monate im Jahr brauchen wir nichts weiter als Nahrungsmittel und einige Dinge des täglichen Bedarfs.

Oft wird aber so getan, als müsse man sich jeden Monat neue Schuhe oder Kleidung kaufen, oder als wäre ein Kinobesuch unbedingt nötig.

In Wirklichkeit braucht man neben den laufenden Kosten nur sehr wenig Geld. Ein Wocheneinkauf für eine Kleinfamilie muss nicht teurer als 50,00 bis 60,00 Euro sein.

Und auch die Dinge des täglichen Lebens müssen nicht ständig nachgekauft werden. Ein großes Paket Waschpulver reicht eine ganze Zeit. Geschirrspülmittel, Haarspray, Rasierklingen, Batterien, Zucker, Mülltüten oder Schaumbad sind wohl nur in Ausnahmefällen jede Woche nötig.

Viele Wochen im Jahr können die Kosten also niedrig gehalten werden. Wenn Sie es wirklich schaffen, mit 60,00 Euro in der Woche hinzukommen, **würden Sie in guten Monaten mit nur 260,00 Euro auskommen.** Für eine Kleinfamilie, wohlgemerkt!

Ich will nicht abstreiten, dass es Monate gibt, die richtig ins Geld gehen. Da geht ein Gerät kaputt, muss das Auto zur Werkstatt oder eine Rechnung flattert ins Haus. **Das sind aber die wenigsten Monate im Jahr.** Beugen Sie diesen Monaten vor, indem Sie an anderen Monaten **extrem** sparsam sind. In diesen Extrem-Spar-Monaten können Sie Zinseinsparungen erwirtschaften, die Ihnen die Monate, wo es teuer wird, leichter fallen lassen.

Hierzu ein Beispiel:

Sie sparen drei Monate extrem, und jeder dieser Monate bringt Ihnen eine Zinsersparnis von 7,00 Euro ein. Dann hätten Sie in dem Monat, wo es teuer wird, 21,00 Euro mehr zur Verfügung.

Machen Sie sich dabei klar, dass diese 21,00 Euro zu Ihren monatlichen Einkünften **hinzukommen**, und dass Sie diese 21,00 Euro nun **jeden Monat** zusätzlich haben werden.

Tipp 13

Seien Sie bei Hilfsangeboten kritisch

„Sobald der Geist auf ein Ziel gerichtet ist, kommt ihm vieles entgegen."
Johann Wolfgang von Goethe

Schuldnern wird oft eine Umschuldung angeboten. Das mag in vielen Fällen sicher sinnvoll sein. Überlegen Sie sich die Sache jedoch gut. Beispielsweise können folgende Gründe dagegen sprechen:

- Umschuldungen können Gebühren verursachen, das Geld könnten Sie auch in die Schuldentilgung stecken
- eine sanfte Methode der Schuldentilgung kann dazu verleiten, irgendwann wieder neue Schulden aufzunehmen
- bei einer Umschuldung müssen Sie als Bittsteller auftreten, Sie müssen die Bedingungen, die man Ihnen vorlegt, akzeptieren

Damit will ich nicht sagen, dass Sie auf eine Umschuldung verzichten sollen! Wenn es für Sie eine gute Möglichkeit ist, sich von den Schulden zu befreien, dann zögern Sie nicht. **Zeit kostet Sie Geld.** Überlegen Sie gut und rechnen Sie nach, wie weit eine Umschuldung Ihnen helfen kann.

Tipp 14

Vermeiden Sie unnötige Kosten

Vorsicht ist geboten, wenn Sie bei Ihrer Bank nur eine bestimmte Anzahl an Buchungen frei haben. Für jede weitere Buchung, die Sie dann tätigen, sind Gebühren fällig. Es ist ratsam, sich bei seiner Bank zu erkundigen, wie es dort gehandhabt wird.

Durch Zahlungseingänge wie Lohn, Kindergeld, Rente und Ausgaben wie Miete, Heizkosten, Strom, GEZ oder Telefon ist schnell eine gewisse Anzahl an Buchungen erreicht.

Tipp 15

Achten Sie auf das Datum

Falls Sie Schulden einer Kreditkarte zurückzahlen:

Ein Kreditkartenunternehmen erstellt jeden Monat am selben Tag die Abrechnung. Überweisen Sie Ihre Rate, sofern das möglich ist, genau an diesem Tag. Jeder Tag erspart Ihnen bekanntlich Zinsen. Bei einigen tausend Euro Schulden können zwei oder drei Tage schon von

Bedeutung sein, besonders bei Kreditkarten, die nicht selten sehr hohe Zinsen fordern.

Einen Tag vor der Abrechnung zu überweisen, kann jedoch gefährlich sein. Wenn das Geld dann am anderen Tag bei der Kreditkartenfirma gebucht wird und mit in die Abrechnung geht, fehlt dieses Geld vielleicht bei der Rate für den kommenden Monat.

***

Was tun bei Arbeitslosigkeit?

„Vergiss nicht, man braucht nur wenig um ein glückliches Leben zu führen."
Marc Aurel

Oft ist es schwierig, einen Arbeitsplatz zu finden. Manchmal verhindern sogar die Schulden, dass man einen neuen Arbeitsplatz bekommt. Wenn Sie arbeitslos sind und gar keine Möglichkeit sehen, innerhalb kurzer Zeit eine Anstellung zu finden, dann denken Sie darüber nach, durch selbständige Arbeit Geld zu verdienen.

Es gibt viele selbständige Tätigkeiten, wo Sie kein Kapital investieren müssen. Nachfolgend gebe ich Ihnen ein paar Hinweise, welche Tätigkeiten Sie in Betracht ziehen können. Die Aufzählung soll nur als Anregung dienen und deckt natürlich nicht alle Bereiche ab.

Denken Sie daran, bei selbständigen Tätigkeiten das Gewerbeamt zu informieren!

Falls Sie nicht arbeitslos sind oder keine selbständige Tätigkeit in Frage kommt, können Sie diesen Teil überspringen.

House-Sitting

In der heutigen Zeit haben Wohnungseinbrüche stark zugenommen. Viele Hausbesitzer wären deshalb froh, wenn während ihres Urlaubs jemand auf ihr Haus und das Grundstück aufpassen würde.

Bieten Sie diese Dienstleistung an. Erstellen Sie an Ihrem Computer kleine Werbezettel und verteilen Sie (oder Ihre Kinder) diese in den Briefkästen Ihrer Stadt und der näheren Umgebung.

Winterdienst

Bieten Sie Hausbewohnern an, im Winter ihren Schnee wegzuräumen. Verteilen Sie dazu rechtzeitig Werbezettel und vereinbaren Sie einen pauschalen Preis. So verdienen Sie auch Geld, wenn kein Schnee fallen sollte.

Gartenarbeit

Können Sie Rasen mähen? Eine Hecke schneiden? Auch hier suchen gerade ältere Menschen oft Hilfe.

Spezielle Fähigkeiten

Sind Sie gut in Mathematik? Können Sie ein Instrument spielen? Es gibt viele Menschen, die dann von Ihren Fähigkeiten profitieren könnten.

Gartenarbeit

Können Sie Rasen mähen? Eine Hecke schneiden? Auch hier suchen gerade ältere Menschen oft Hilfe.

Hilfe bei Umzügen

Umgezogen wird immer. Das zeigen mir die vielen Umzugsfirmen in meiner Stadt. Bieten Sie an, mitzuhelfen, denn viele Leute können sich eine Umzugsfirma nicht leisten. Mit kleinen Zetteln an der Pinnwand der Supermärkte können Sie Kunden finden.

Reinigung

Hier kommt insbesondere Treppenhausreinigung infrage. Es kann aber auch Fenster putzen sein oder die Reinigung einer Wohnung.

Einkaufen gehen

Fragen Sie nach, ob Kranke oder ältere Menschen Hilfe bei ihren Einkäufen brauchen. Gleichzeitig können Sie diese Leute zum Arzt begleiten oder ihre Rezepte abholen.

Hilfe bei Computern

Kennen Sie sich mit Computern aus? Es gibt immer noch Menschen, die hätten gern eine Unterweisung in deren Bedienung.

Freizeitbetreuer

Kranke Menschen suchen oft jemanden, mit dem Sie – gegen Bezahlung natürlich – die Freizeit verbringen möchten. Halten Sie hier Augen und Ohren offen, oder inserieren Sie in Zeitungen.

***

Arbeiten mit einer Tabellenkalkulation

„Sie brauchen eine klare Vision von dem, was Sie tun wollen - und müssen dranbleiben!"
Roger B. Smith

Der Umgang mit einer Tabellenkalkulation erfordert etwas Übung. Sollten Sie tiefer in die Materie eintauchen wollen, hilft ein Kurs in der Volkshochschule. Zum Selbststudium ist allerdings auch eine Internet-Suchmaschine ausreichend.

Für die Berechnung Ihrer Finanzen sind jedoch nur einige wenige Formeln nötig, und diese lernen Sie in diesem Buch. Wenn Sie mit dem Umgang einer Tabellenkalkulation vertraut sind, können Sie dieses Kapitel überspringen.

Folgende Funktionen werden Sie für Ihre Finanzen benötigen:

- Addition, Subtraktion, Multiplikation und Division von Zellen
- Formatieren der Zellen

Als Formel benötigen Sie „=HEUTE()"

Mehr ist an Wissen nicht notwendig. Die folgenden Übungen sind mit der Tabellenkalkulationen Excel getestet. Libre- oder OpenOffice unterscheiden sich in den hier gegebenen Beispielen nicht. Bei anderen Tabellenkalkulationen kann es Abweichungen geben.

Kleine Übungen

Ist Ihnen der Umgang mit einer Tabellenkalkulation neu, üben Sie den Umgang, bevor Sie Ihre Finanzen damit berechnen. Ob Sie im Programm richtig gerechnet haben, können Sie erst einmal mit einem Taschenrechner oder Kalender überprüfen.

Hinweis: Die Anführungszeichen in diesem Text dienen der Abgrenzung zum eigentlichen Text. Bei der Eingabe in die Tabellenkalkulation schreiben Sie also statt „=HEUTE()" nur =HEUTE().

Addition

Öffnen Sie das Programm und tragen Sie in das Feld A1 die Zahle 5 ein. In Feld A2 die 13 und Feld A3 die 9.

	A
1	5
2	13
3	9
4	
5	

Klicken Sie nun in das Feld A4 und suchen Sie nach dem Zeichen $\sum$ in der Menüleiste.

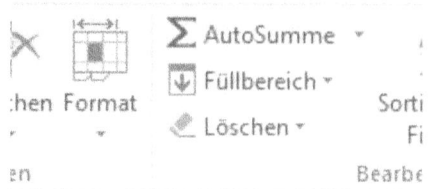

Ein Klick auf dieses Zeichen und anschließendes Drücken der Eingabetaste wird Ihnen das Ergebnis „27" im Feld A4 anzeigen.

	A
1	5
2	13
3	9
4	27
5	
6	

Sie können die Zellen auch für die Beschriftung nutzen.

	A	B
1	Zahl 1	5
2	Zahl 2	13
3	Zahl 3	9
4	**Summe**	27
5		
6		

Subtraktion, Multiplikation und Division von Zellen

Öffnen Sie eine neue Tabelle oder löschen Sie mit „Entf" den Inhalt der belegten Zellen (Strg-A, danach Entf).

Tragen Sie nun in das Feld A1 die Zahl 188 ein, in das Feld A2 die Zahl 12 und in A3 die Zahl 7.

	A
1	188
2	12
3	7
4	

Klicken Sie nun in ein leeres Feld, beispielsweise C5.

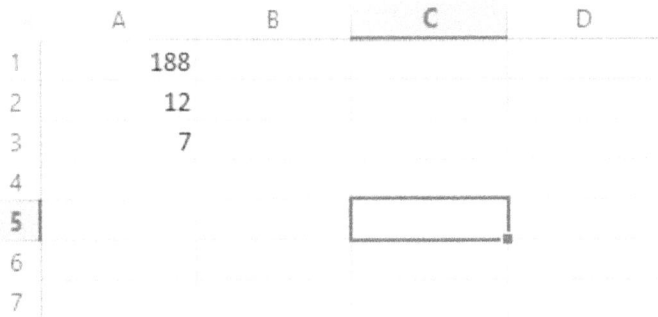

Drücken Sie nun das Zeichen „=" auf Ihrer Tastatur, klicken Sie dann in das Feld A1, dann das Multiplikationszeichen Ihrer Tastatur („*") und anschließend in das Feld A3.

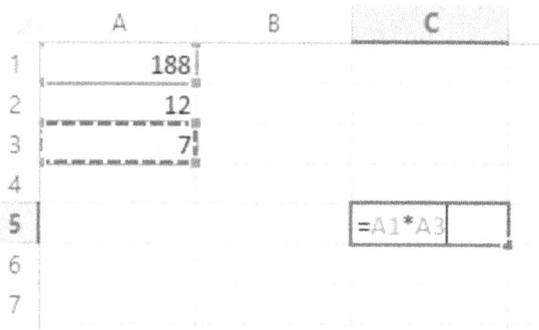

Zum Abschluss drücken Sie die Eingabetaste. Sie haben nun das Feld A1 und A3 multipliziert. Als Ergebnis sollte jetzt im Feld C5 das Ergebnis „1316" stehen.

	A	B	C
1	188		
2	12		
3	7		
4			
5			1316
6			

Mit der Subtraktion und der Division sind dieselben Arbeitsschritte nötig. Nur dass Sie statt dem Multiplikationszeichen das Subtraktions- oder Divisionszeichen verwenden.

Datum berechnen

Schreiben Sie in eine beliebige Zelle „13.10" (bei Excel nicht „13.10." eingeben, bei der Tabellenkalkulation von Libre- oder OpenOffice ist jedoch der Punkt hinter der 10 notwendig) und drücken Sie die Eingabetaste.

13.10

Als Ergebnis zeigt Ihnen die Tabellenkalkulation das Datum des aktuellen Jahres „13.10.13" an.

13. Okt

Diese Zelle können Sie nun formatieren. Dazu gehen Sie folgendermaßen vor:

Rechtsklick auf die Zelle und „Zelle formatieren" auswählen. Nun öffnet sich ein Dialogfeld, wo Sie die Kategorie „Datum" auswählen können.

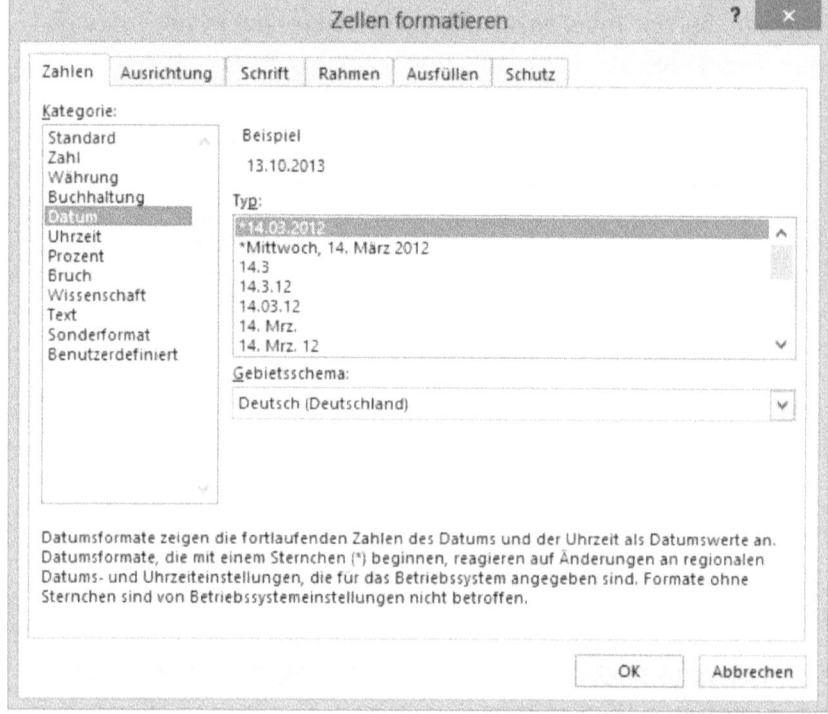

Probieren Sie ruhig die Beispiele im rechten Teil des Fensters aus.

Nun berechnen wir das heutige Datum. Tragen Sie dazu in eine beliebige Zelle die Formel „=HEUTE()" ein

```
=HEUTE()
```

und drücken die Eingabetaste. Als Ergebnis wird Ihnen das aktuelle Datum angezeigt.

09.07.2013

Als nächstes Beispiel tragen Sie ein Datum aus der Zukunft ein. Hierzu ist auch die Angabe des Jahres erforderlich. Der Eintrag in die Zelle sollte also so aussehen: „5.12.16". Als Ergebnis wird in der Standarteinstellung „5.12.2016" angezeigt. Gegebenenfalls müssen Sie die Zelle, wie oben beschrieben, in das entsprechende Format umwandeln.

Versuchen Sie nun die Subtraktion des Datums aus der Zukunft mit dem Datum von heute, und sie erhalten die Tageszahl, die zwischen beiden Daten liegt. Kleine Hilfestellung: „= ‚Feld mit Zukunftsdatum' − ‚Feld mit aktuellem Datum' und Entertaste".

Ein weiteres Beispiel soll die Datumsrechnung noch einmal verdeutlichen. Geben Sie in die Zelle A1 das Datum „16.03.2014" ein, und in Zelle A2 das Datum „05.12.2016". Subtrahieren Sie nun die Zelle A2 von Zelle A1.

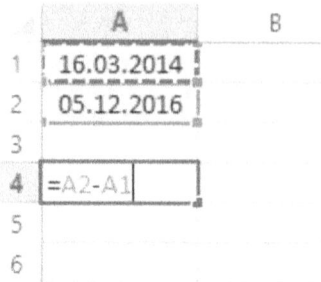

Sie sollten als Ergebnis die Zahl 995 erhalten.

	A
1	16.03.2014
2	05.12.2016
3	
4	995
5	

Das entspricht den Tagen zwischen diesen beiden Daten.

Zellen formatieren

Benötigt wird wieder ein leeres Feld in der Tabelle. Tragen Sie dort (zum Beispiel in Zelle D9) die Zahl 19 ein. Klicken Sie anschließend mit der Maus in diese Zelle und suchen Sie in der Menüleiste des Programms das Währungssymbol. Aus der Zahl 19 wird „19,00 €".

19,00 €

Falls Sie regelmäßige Gehaltseingänge haben (Einkommen, Arbeitslosengeld, Rente usw.) ist es sinnvoll, sich eine Zelle zu formatieren, die den Wochennamen angibt. Banken und Sparkassen buchen an Wochenenden nicht, und um genau zu wissen, wann wieder ein Geldeingang zu erwarten ist, ist es vorteilhaft zu wissen, auf welchen Tag dieser fällt.

Montag, 8. Dezember 2014

Die Zellen könnten etwa folgendermaßen aussehen:

	A	B
1	Kontostand:	723,14 €
2		
3	Heute:	09.07.2013
4	Geldeingang:	01.08.2013
5	Tage:	23
6	Verfügung pro Tag:	31,44 €
7		
8		

Und das Ganze noch einmal in Formeln:

	A	B
1	Kontostand:	723,14
2		
3	Heute:	=HEUTE()
4	Geldeingang:	41487
5	Tage:	=B4-B3
6	Verfügung pro Tag:	=B1/B5
7		

Jede Zelle der Tabellenkalkulation können Sie einfärben oder den Text rot oder fettgedruckt gestalten. Das schafft eine bessere Übersicht. So können beispielsweise die Texte aller Ausgaben in der Finanztabelle rot, und die aller Einnahmen blau eingefärbt werden.

Eine Einnahmen-Ausgaben-Tabelle könnte so aussehen:

	A	B	C	D	E
1	Ausgaben			Einnahmen	
2					
3	Miete	650,00 €		Lohn Paul	1.500,00 €
4	Kontogebühren	6,00 €		Lohn Paula	1.500,00 €
5	Licht	95,00 €		Kindergeld	184,00 €
6	Heizung	90,00 €		Sonstiges	0,00 €
7	GEZ	53,94 €			
8	Versicherung	65,00 €			
9	Telefon/Internet	39,00 €			
10	Sonstiges	265,00 €			
11					
12	gesamt	1.263,94 €		gesamt	3.184,00 €
13					
14	Kontostand:	1.920,06 €			

Zur Erklärung:

Die Miete, die Kontogebühren, Licht und Heizung wurden bereits abgebucht und die Löhne von Paul und Paula sind bereits auf dem Konto. Deshalb wurden sie lila eingefärbt.

Die GEZ wurde zum 15. des Monats überwiesen. Das heißt, sie wird in ein paar Tagen abgebucht. Ich brauche mich nicht mehr darum zu kümmern. Die Einfärbung ist grün.

Schwarz sind alle Beträge, die noch nicht abgebucht wurden. Das Feld „Sonstiges" beinhaltet andere Kontobewegungen:

I Sonderausgaben	J was?	K Datum
250,00 €	Geldautomat	Do, 7. Nov 13
15,00 €	Überweisung	Mo, 11. Nov 13
265,00 €		

Beim Betrag Kontostand (siehe vorletztes Bild) wurden die Ausgaben von den Eingaben abgezogen („E12-B12").

Nun sehen wir ein Guthaben von 1.920,06 Euro. Nehmen wir nun an, das Giro-Konto der Bank weist derzeit einen Betrag von 2.144,00 Euro aus. Um zu überprüfen, ob unsere Berechnungen stimmen, löschen Sie alle schwarzen und grünen Beträge (die lila gefärbten Beträge sind ja bereits gebucht).

	I	J	K
	Sonderausgaben	was?	Datum
		Geldautomat	Do, 7. Nov 13
	15,00 €	Überweisung	Mo, 11. Nov 13

15,00 €

	A	B	C	D	E
1	Ausgaben			Einnahmen	
2					
3	Miete	650,00 €		Lohn Paul	1.500,00 €
4	Kontogebühren	6,00 €		Lohn Paula	1.500,00 €
5	Licht	95,00 €		Kindergeld	
6	Heizung	90,00 €		Sonstiges	0,00 €
7	GEZ				
8	Versicherung				
9	Telefon/Internet				
10	Sonstiges	15,00 €			
11					
12	gesamt	856,00 €		gesamt	3.000,00 €
13					
14	Kontostand:	2.144,00 €			

Sie sehen, die Summe stimmt.

Natürlich dürfen Sie nicht vergessen, den Kontostand des Vormonats einzutragen. Im folgenden Bild wird dieser unter „Übertrag" (G3) aufgeführt.

	A	B	C	D	E	F	G
1	**Ausgaben**			**Einnahmen**			**Übertrag**
2							
3	Miete	650,00 €		Lohn Paul	1.500,00 €		24,22 €
4	Kontogebühren	6,00 €		Lohn Paula	1.500,00 €		
5	Licht	95,00 €		Kindergeld	184,00 €		
6	Heizung	90,00 €		Sonstiges	0,00 €		
7	GEZ	53,94 €					
8	Versicherung	65,00 €					
9	Telefon/Internet	39,00 €					
10	Sonstiges	265,00 €					
11							
12	**gesamt**	1.263,94 €		**gesamt**	3.184,00 €		
13							
14	Kontostand:	1.944,28 €					
15							

Der Kontostand berechnet sich dann wie folgt:

14	Kontostand:	=E12-B12+G3

Eine Tabelle könnte folgendermaßen aussehen:

	A	B	C	D	E	F	G
1	Ausgaben			Einnahmen			Übertrag
2							
3	Miete	650,00 €		Lohn Paul	1.500,00 €		24,22 €
4	Kontogebühren	6,00 €		Lohn Paula	1.500,00 €		
5	Licht	95,00 €		Kindergeld	184,00 €		
6	Heizung	90,00 €		Sonstiges	0,00 €		
7	GEZ	53,94 €					
8	Versicherung	65,00 €					
9	Telefon/Internet	39,00 €					
10	Sonstiges	265,00 €					
11							
12	gesamt	1.263,94 €		gesamt	3.184,00 €		
13							
14	Kontostand:	1.944,28 €					
15							
16	Heute:	Do, 14. Nov 13					
17	Geldtag:	Mo, 2. Dez 13					
18	Tage:	18					
19	Verfügung pro Tag:	108,02 €					

Und rechts daneben (aus Platzgründen setze ich die Bilder untereinander) die Sonderausgaben, die im Bild oben neben dem Feld „Sonstiges" stehen:

I	J	K
Sonderausgaben	was?	Datum
250,00 €	Geldautomat	Do, 7. Nov 13
15,00 €	Überweisung	Mo, 11. Nov 13

265,00 €

Hier noch einmal mit Formeln:

	A	B	C	D	E	F	G
1	Ausgaben			Einnahmen			Übertrag
2							
3	Miete	650		Lohn Paul	1500		24,22
4	Kontogebühren	6		Lohn Paula	1500		
5	Licht	95		Kindergeld	184		
6	Heizung	90		Sonstiges	0		
7	GEZ	=17,98*3					
8	Versicherung	65					
9	Telefon/Internet	39					
10	Sonstiges	=113					
11							
12	gesamt	=SUMME(B3:B10)		gesamt	=SUMME(E3:E6)		
13							
14	Kontostand:	=E12-B12+G3					
15							
16	Heute:	41592					
17	Geldtag:	41610					
18	Tage:	=B17-B16					
19	Verfügung pro Tag:	=B14/18					

I	J	K
Sonderausgaben	was?	Datum
250	Geldautomat	41585
15	Überweisung	41589

=SUMME(I3:I11)

Mehr Wissen über eine Tabellenkalkulation ist bei der Erstellung einer Übersicht Ihrer Finanzen nicht notwendig. Hiermit sollten Sie in der Lage sein, genau auszurechnen, wie viel Geld Sie für den Schuldenabbau verwenden können.

***

Spartipps

Wenn Sie möglichst schnell Ihre Schulden zurückzahlen wollen, müssen Sie nicht nur eine Zeitlang den Gürtel enger schnallen, sondern sich auch Gedanken darüber machen, wo Geld gespart werden kann.

Möglichkeiten hierzu gibt es viele. Oft wird einfach nur zu viel Geld ausgegeben, wo es eigentlich gar nicht nötig wäre. Meist sind nur Kleinigkeiten zu beachten, um kleinere Summen zusammenzusparen, die in die Schuldentilgung fließen können.

Sparen bedeutet schlicht, das eigene Geld zu behalten und es nicht anderen zu geben. Sparen bedeutet auch, verfügbares Geld mit wachen Augen auszugeben und Kaufanreizen zu widerstehen.

Sparen bedeutet nicht immer, sich einschränken zu müssen. Manchmal reicht es schon, seine Gewohnheiten zu ändern.

+++

Kaufen Sie nicht um zu sparen! Ich habe in den letzten Jahren eine Menge Geld ausgegeben, um Energie zu sparen. So bezahlte ich viel Geld für wassersparende Waschmaschinen, stromsparende Kühlschränke oder Energiesparlampen.

Da ich seit sehr vielen Jahren meinen Energieverbrauch notiere, konnte ich feststellen, dass ich heute weder weniger Wasser noch weniger Strom verbrauche. Die ganzen Ausgaben hätte ich mir also sparen können.

Ob sich ein Neukauf lohnt, sollte gründlich überlegt werden. Bedenken Sie hier nicht nur den Stromverbrauch, denken Sie auch daran, dass ein neues Gerät nach zwei Jahren kaputt gehen kann (Sollbruchstellen).

Seien Sie bei offiziellen Spartipps auf der Hut. Prüfen Sie nach, rechnen Sie nach. Oft handelt es sich bei Stromspartipps um versteckte Verkaufsanregungen. Eine Energiesparlampe braucht oft mehrere Jahre, ehe die Kosten wieder eingefahren sind. Meist halten sie nicht so lange.

Ich beobachte schon seit mehreren Jahrzehnten, dass mein Stromverbrauch im Sommer höher ist als im Winter. Da es im Sommer länger hell ist, stellt sich natürlich die Frage, inwieweit man wirklich mit Energiesparlampen Strom spart.

Rechnen Sie nach, nach wie vielen Jahren sich strommäßig ein neuer Kühlschrank lohnen würde und bedenken Sie dabei, dass viele Geräte heute nicht mehr so lange halten wie früher.

+++

Bevor Sie mit der Schuldentilgung beginnen, sehen Sie sich Ihre Kontoauszüge des letzten Jahres durch. Notieren Sie sich alle Ausgaben, die nicht unbedingt sein mussten oder müssen. Das kann ein

Zeitschriften-Abonnement sein, Kosten für Barabhebungen bei einem fremden Geldautomaten, Mitgliedsbeiträge, unnötige Versicherungen, unnötige Posten, die die Kontogebühren in die Höhe schnellen lassen, wie zum Beispiel zu viele Buchungen oder Spontankäufe.

Versuchen Sie als erstes, soweit Ihnen das möglich ist und es Ihnen keine Nachteile bringt, diese Kosten zu eliminieren. Jeder Euro, der hier eingespart werden kann, kann in die Schuldentilgung gesteckt werden.

+++

Fertigen Sie sich eine Liste an, in der Sie für die kommende Woche eintragen, was Sie zum Frühstück, zum Mittagessen und zum Abendbrot zubereiten wollen. Vergessen Sie hierbei nicht die Getränke. Nach dieser Liste fertigen Sie Ihre Einkaufsliste an. Dann kommen noch die Dinge hinzu, die sonst noch benötigt werden. Also beispielsweise Zahnpasta oder Waschpulver.

Nehmen Sie nur so viel Geld mit, wie Sie wirklich benötigen. Bei einem meiner Wocheneinkäufe ließ ich die Geldkarte bewusst zu Hause. An der Kasse fehlte einmal genau ein Euro. Das war zwar unangenehm, aber ich trennte mich von einem Teil aus dem Einkaufswaagen, welchen ich nicht wirklich benötigte. In meinem Fall war das Mineralwasser. Zu Hause trank ich Tee, und hatte, ohne dass ich es eigentlich vorhatte, wieder ein wenig Geld gespart.

+++

Falls Sie bei Ihrem Giro-Konto im Soll stehen, bezahlen Sie Rechnungen erst, wenn diese fällig sind. Je früher Sie Rechnungen mit einem überzogenen Konto bezahlen, desto mehr Zinsen werden dann fällig.

Fällt der letzte Tag des Monats auf einen Freitag, dann kann die Miete auch am Montag bezahlt werden.

Steht Ihr Giro-Konto im Soll und Sie überweisen per Online-Banking, dann überweisen Sie nicht an einem Samstag, Sonntag oder Feiertag, wenn Ihre Bank oder Sparkasse an diesen Tagen nicht bucht.

+++

Lesen Sie mindestens einmal im Monat Ihren Stromzähler ab! Schreiben Sie die Werte in eine Tabelle und überprüfen Sie so Ihren Stromverbrauch. Die Tabelle sollte folgende Punkte enthalten:

- Uhrzeit
- Datum
- alter Zählerstand
- neuer Zählerstand
- Differenz
- Anzahl der Tage
- Stromverbrauch pro Tag

Um ein möglichst genaues Ergebnis zu erhalten, messen Sie immer zur gleichen Uhrzeit.

Bei einer vierköpfigen Familie sollte der tägliche Stromverbrauch nicht höher als um die 8 - 9 kWh liegen.

	A	B	C	D	E	F	G
1	**Strom**						
2							
3	**Uhrzeit**	**Datum**	**Zähler alt**	**Zähler neu**	**Differenz**	**Tage**	**pro Tag**
4	14 00	25.01.13	75648	75748,8	100.8	10	10.08
5	14 00	31.01.13	75748,8	75804,7	55,9	6	9.32
6	14 00	09.02.13	75804,7	75889,15	84.45	9	9.38
7							

Notieren Sie sich, was Sie derzeit an Energiekosten zahlen und rechnen Sie sich hin und wieder durch, ob Sie mit der Abschlagszahlung hinkommen. Sie sind so vor plötzlichen Rechnungen/Nachzahlungen gewarnt.

+++

Überprüfen Sie regelmäßig, im Winter öfter als im Sommer, den Zählerstand des Gaszählers, sofern Sie mit Gas heizen, und überprüfen Sie den Verbrauch!

Drehen Sie die Heizung herunter, wann immer es geht. In einer nur mäßig warmen Wohnung zu sitzen ist sicher nicht angenehm. Doch wenn die Schulden abgezahlt sind, können Sie heizen, ohne Angst vor Nachzahlungen haben zu müssen. Theoretisch könnten Sie sogar doppelt so viel heizen wie normal, weil Sie das Geld für Zinsen nun in die Heizung stecken können.

Man liest oft, dass die Heizung nie ganz ausgestellt werden soll. Angeblich soll das Heizkosten sparen. Meine Erfahrung ist eine andere.

Ausgehend von der Vorstellung, nur wenn Gas/Öl verbraucht wird, kostet es Geld, schaltete ich die Heizung nur dann an, wenn es nötig war. In manchen Jahren war es mir so möglich, die Heizkosten bei einer 80 qm Wohnung auf 352,00 Euro pro Jahr zu senken.

Zu bedenken ist, dass ein derartiges Heizverhalten nur die Luft erwärmt, die Möbel bleiben kalt. Doch warme Raumluft gibt auch ein angenehmes Gefühl.

+++

Versuchen Sie es zu unterlassen, „eben mal schnell" zum Kaufmann zu gehen. Denken Sie daran, dass das, wenn Sie etwas einkaufen, Ihren Schnitt, was Sie am Tag noch zur Verfügung haben, verschlechtert.

Bleiben Sie in Ihrer Freizeit zu Hause, lesen Sie ein Buch, schauen Sie fern oder gehen Sie spazieren, ohne dabei Geld mitzunehmen. Nur gehen Sie nirgends hin, wo Sie Geld ausgeben könnten.

+++

Oft lese ich, dass Kinder teuer sind. Ich halte diese Aussage nicht immer für richtig. In Deutschland gibt es ein ziemlich hohes Kindergeld. Es mag eingewendet werden, dass Spielsachen und Bekleidung sehr teuer sind. Doch müssen diese Dinge nicht jeden Monat gekauft werden.

Für ein Kindergeld von derzeit 184,00 Euro pro Kind kann es vollständig ernährt werden. Dem Kind stünden dann rund 6,05 Euro pro Tag zur Verfügung.

Zubereitungskosten aus Strom oder Gas sind bei einer Mahlzeit für eine Person kaum geringer als für drei Personen. Diese Kosten können demnach bei Familien mit Kind getrost vernachlässigt werden.

Saisonales Obst oder Gemüse kosten ebenfalls nicht die Welt, so dass eine gesunde Ernährung gesichert ist.

Schlimm wird es erst, wenn für Kinderbetreuung Geld ausgegeben werden muss. Bei allen anderen Dingen wie Spielsachen, Schule oder Kinderzimmer kann der Gürtel bis zum Ende der Schuldentilgung enger geschnallt werden.

+++

Seit einigen Jahren werden von Geldinstituten Kreditversicherungen angeboten. Scheinbar ein lohnendes Geschäft. Eine Versicherung schließt einen Vertrag in der Regel nur ab, wenn die Möglichkeit eines Schadens für den Kunden sehr gering ist.

Kreditversicherungen bringen Ihnen nicht nur Schutz im Krankheitsfall oder bei Arbeitslosigkeit, Sie zahlen auch Zinsen auf die Beiträge. Und die Beiträge können sich ziemlich gewaschen haben. Beläuft sich Ihr Kredit auf 10.000,00 Euro, liegt die monatliche Rate bei einem Zinssatz von „nur" 0,89 Prozent bei 89,00 Euro monatlich. Bei einem Zinssatz von 15 Prozent sind das glatte 1,11 Euro Zinsen zusätzlich.

Ich möchte nicht grundsätzlich von einer derartigen Versicherung abraten. Man sollte sich jedoch gut durch den Kopf gehen lassen, ob man sie wirklich benötigt.

+++

Es steht außer Frage, dass eine gesunde Ernährung notwendig ist. Krankheiten, die aufgrund schlechter Ernährung zurückzuführen sind, bringen oft zusätzliche Kosten, die man bei der Schuldentilgung nun überhaupt nicht gebrauchen kann.

Eine gesunde Ernährung muss aber nicht teuer sein. Obst wie Äpfel oder Birnen gibt es beim Bauern während der Saison schon für unter einem Euro das Kilo.

Legen Sie hin und wieder einfache Mahlzeiten ein. Zum Mittag muss es nicht immer Fleisch oder Wurst sein. In Monaten, wo Sie sich vorgenommen haben, extrem zu sparen, reichen auch mal einfache Gerichte.

Hier ein paar Beispiele:

- Bauernfrühstück
- Pellkartoffeln und Kräuterquark
- Eierkuchen/Pfannkuchen
- Kartoffeln mit Spinat und Spiegeleier
- Kartoffeln mit Rühreier und Pilzen
- selbstgemachte Nudeln mit selbstgemachter Tomatensoße aus Dosentomaten
- Bratkartoffeln mit Brathering
- Kartoffeln, Leberkäse und Spiegelei
- Kartoffeln mit Leber und gebratenen Zwiebeln
- Grieß oder Milchreis
- Kartoffeln, panierte Kohlrabi und Soße
- Kartoffeln mit Eier und Senfsoße
- ½ Brathähnchen, der Rest wird zu Hühnerfrikassee
- Reis mit Apfelmus

All das sind preisgünstige Mittagessen, die satt machen und schmecken. Als Nachtisch kann es beispielsweise einen Apfel-Möhrensalat geben.

Zusammenfassung der hilfreichen Tipps

- Zahlen Sie so viel Geld wie möglich zurück. Wenn Sie über das Geld nicht mehr verfügen, sind Sie gezwungen zu sparen.
- Lassen Sie sich beim Extremsparen immer eine Möglichkeit offen, im Notfall an Bargeld zu kommen. Das kann der Dispositions-Kredit des Giro-Kontos sein oder eine Kreditkarte.
- Wenn Sie 50,00 Euro zurückzahlen wollen, runden Sie die Summe auf 50,99 Euro auf. Denken Sie an den Spruch: Kleinvieh gibt auch Mist.
- Wenn Sie sich entschließen, 25,00 Euro zurückzuzahlen, kommen aber zu dem Schluss, dass 5,00 weitere Euro auch im Rahmen des Möglichen liegen, dann zahlen Sie nicht 25,00 Euro, sondern 30,00 Euro zurück. Sie sparen damit rund 0,06 € in allen folgenden Monaten an Zinsen.
- Machen Sie sich in Momenten, wo Ihnen das Sparen zur Last wird, klar, welche Zinsen Sie anderen Leuten zahlen und was Sie sich von diesem Geld kaufen könnten.
- Erstellen Sie eine Excel-Tabelle, die Ihnen den nötigen Überblick über Ihre finanzielle Situation schafft.
- Führen Sie Tagebuch. Es wirkt aufbauend, wenn Sie nach einigen Monaten lesen, wie Sie zu Beginn der Schuldentilgung dagestanden haben, und wie sich mittlerweile Ihre Situation verbessert hat.
- Gehen Sie nur nach Einkaufsliste einkaufen. Vermeiden Sie jede unnötige Ausgabe, und sei sie noch so klein. **Denn wenn Sie**

Schulden haben, kaufen Sie alles auf Kredit. Nutzen Sie daher jeden Cent, um die Zinsen drücken zu können.

- Zahlen Sie am Tag des Gehaltseingangs Schulden zurück. Gerade an diesem Tag lauert die Gefahr, mehr Geld auszugeben, als nötig wäre. Zahlen Sie so viel wie möglich zurück und freuen Sie sich, wenn die Zinsen wieder ein Stück gesunken sind.

- Wenn es möglich ist, borgen Sie sich in Ihrer Verwandtschaft zinsloses Geld und verwenden Sie dieses für die Schuldenrückzahlung. Falls Ihnen Ihre Verwandten keine größeren Summen leihen können, sind auch kleinere Summen sinnvoll, wenn unerwartete Ausgaben kommen und Sie Ihr ganzes Geld schon in die Schuldentilgung gesteckt haben.

- Achten Sie auf Monate, wo Rechnungen bzw. Abbuchungen anstehen, die nicht monatlich bezahlt werden müssen. Hierzu gehören Beiträge für Versicherungen oder die Gebühren der GEZ.

- Leider gehen Geschäfte immer mehr dazu über, Kassenbons nur auf Nachfrage herauszugeben. Verlangen Sie immer den Kassenbon und heben Sie diesen eine Zeitlang auf. Oft bemerkt man Mängel erst einige Tage später. In Zeiten, wo Sie sparen müssen, können Sie sich doppelte Käufe nicht leisten.

- Egal, wo Sie Wechselgeld zurückbekommen, zählen Sie es nach! Gerade an Stellen, wo Eile geboten ist, kann es schnell passieren, dass zu Ihren Ungunsten herausgegeben wird. Rechnen Sie am besten vorher nach, wie hoch das Wechselgeld sein muss.

- Gehen Sie Ihre Kontoauszüge der letzten Monate durch und überprüfen Sie, wo Geld unnütz ausgegeben wird.

- Überlegen Sie für sich, ob Sie Oster- oder Weihnachtskarten heute noch für zeitgemäß halten. Eine langjährige Bekannte sagte mir vor einigen Jahren, dass sie von nun an keine Weihnachtskarten mehr verschicken wird und hofft, dass niemand ihr deswegen böse sein wird. Ich fand ihre Idee toll und sagte meinen Bekannten dasselbe. Bisher hat es mir keiner übel genommen.

- Einschreibebriefe sind teuer. Besonders diejenigen, die einem als Nachweis für gesendete Unterlagen dienen. Hierzu sind Einschreibebriefe mit Rückantwort nötig, und diese sind recht teuer. Wer ein Fax sein eigen nennt und bei seinem Telefonanbieter einen Einzelgesprächsnachweis beantragt hat, kann in vielen Fällen statt eines Einschreibebriefes mit Rückschein das viel billigere Fax schicken. Anhand des Verbindungsnachweises kann man jederzeit nachweisen, der betreffenden Firma ein Fax gesendet zu haben. Zwar sagt ein Nachweis über ein gesendetes Fax nichts über den Inhalt dieses Schreibens aus, das tut aber ein Einschreibebrief mit Rückantwort genauso wenig. Schlimmstenfalls könnte nämlich die Firma behaupten, der Brief enthielt nur leere Blätter. Sollten Sie also ein Abonnement kündigen, versuchen Sie die Faxnummer der betreffenden Firma zu ermitteln. Am besten rufen Sie hinterher an und lassen sich, wenn nötig mit einem Zeugen, den Empfang des Faxes bestätigen.

- Zahlen Sie keine Trinkgelder, auch wenn das schwer fallen sollte. Oft wird Angestellten weniger Lohn gezahlt, weil das Trinkgeld als Einkommen gewertet wird. Indirekt geben Sie das Trinkgeld also dem Unternehmer, der dieses Geld finanziell gesehen oft gar nicht nötig hat. Zahlen Sie also nicht mit Ihrem Geld einen Teil des Lohnes, den sonst der Arbeitgeber zu zahlen hätte.

- Ich kenne Leute, deren gesamte Wohnung mit Kleinigkeiten vollgestopft ist. Sei es nun der Inhalt irgendwelcher Überraschungseier bis hin zu PC-Spielen, die billig auf den Grabbeltischen angeboten wurden. All das hat Geld gekostet. Geld, was vielleicht einmal an anderer Stelle fehlt. Sie sollten sich davor hüten, diese Kleinigkeiten bei Ihrem Einkauf mit einfließen zu lassen, auch wenn Sie nur wenige Euro oder Cent kosten.

- Sparen Sie sich die Fernsehzeitschrift. Das Fernsehprogramm finden Sie auch im Internet. Unterstützt Ihr Fernsehgerät TV-Text, können Sie sich auch dort das Programm anschauen. Das Fernsehprogramm im TV-Text hat zudem noch den Vorteil, immer auf den neusten Stand zu sein, wenn eine Sendung entfällt oder sich die Uhrzeit verschiebt. Zwar ist eine Fernsehzeitschrift bequem, sie kostet jedoch Geld. Das Internet bietet einige kostenlose Programme an, die das Fernsehprogramm auf den Computer anzeigen. Weiterhin finden Sie das Fernsehprogramm auf den Homepages einiger Fernsehzeitschriften-Anbieter.
- Sparen Sie sich die Tageszeitung. Nachrichten, seien sie nun lokal, national oder international, sind im Internet oder im TV-Text abrufbar.
- Notieren Sie sich die Tage, an denen Sie nichts gekauft haben, und machen Sie daraus eine Art persönlichen Wettbewerb. Normalerweise reicht es aus, wenn man einen Großeinkauf pro Woche oder alle zwei Wochen macht.
- Wenn Sie 10,00 Euro ausgeben wollen für Dinge, die nicht unbedingt nötig sind, stellen Sie sich vor, Ihre monatliche Strom- oder Heizkostenrechnung wäre um 10,00 Euro teurer. Das wird Ihnen klar machen, was 10,00 Euro eigentlich bedeuten.
- Bleiben Sie bei Ihrem derzeitigen Stand. Leute mit Konsumschulden besitzen oft viel zu viele Gegenstände, die irgendwann nicht mehr gebraucht werden. Ein wirksamer Schutz dagegen ist die Regel, ab sofort nichts Neues mehr zu kaufen. Keine neue Tischdecke, kein neues Handy, kein neues Buch, keine neue Kleidung usw. Bleiben Sie auf den Stand Ihrer derzeitigen Besitztümer und ersetzen Sie nur das, was kaputt geht. In den meisten Monaten werden Sie dann nur Geld für die Lebenshaltungskosten brauchen.

Schlusswort

Anhand meiner Aufzeichnungen erinnere ich mich heute noch gern an die Zeit, in denen ich einen erheblichen Schuldenberg zurückzahlte. Die Ausgangssituation war denkbar schlecht: Ich war arbeitslos und hatte an insgesamt drei Stellen Schulden. Meine Berechnungen ergaben, dass ich übermenschliche Anstrengungen leisten musste, um die Schulden wenigstens in zwei Jahren zurückzahlen zu können. Ich sah diese zwei Jahre vor mir, und sie erschienen mir unendlich lang.

Bereits nach zwei Monaten änderte ich meine Prognose auf ein Jahr und elf Monate. Kurze Zeit konnte ich die nächste Anpassung vornehmen. Um es kurz zu machen, ich hatte meine Schulden in zehn Monaten bezahlt. Ein Grund dafür war, dass ich bei der ersten Berechnung übersah, dass jeder noch so kleine Betrag, den ich an Zinsen sparte, für die Schuldentilgung verwendet werden konnte, was wiederum Rückzahlungsrate erhöhte. Die ganze Grübelei am Anfang meines Weges hätte ich mir sparen können.

Schulden zurückzuzahlen kann ungeheuer aufregend sein. Das mag Sie vielleicht verwundern, und hätte mir das jemand gesagt, als meine Schuldenlast noch sehr hoch war, hätte ich ihm sicher nicht geglaubt. Doch als die ersten Zinsen niedriger ausfielen, fing die Spannung an. Ich konzentrierte mich nicht mehr auf meine Schulden, sondern nur auf die wenigen Euro, die ich monatlich an Zinsen sparte. Es wurde ein regelrechter Wettkampf. Konnte ich 6,-- Euro Zinsen einsparen, rechnete ich in Gedanken aus, was ich mir monatlich alles kaufen könnte. Rechnete ich die eingesparten Zinsen der vergangenen Monate zusammen, konnte ich weitere kleine Ziele festlegen: Einmal waren die eingesparten Zinsen so hoch wie ein Viertel der Rate, dann so viel wie eine Tankfüllung usw.

Hatte ich mich früher immer vor der Abrechnung, die mir meine Schulden allzu deutlich zeigte, gefürchtet, konnte ich nun kaum abwarten, diese in den Händen zu halten. Ich sah darin nicht mehr die

Schulden, ich sah meinen Erfolg in Form von eingesparten Zinsen.

So war irgendwann das Gefühl, keine Schulden mehr zu haben, zwar großartig, jedoch war auch der mir inzwischen liebgewonnene Kampf verschwunden, was mich – ich wage es kaum zu sagen – auch etwas traurig machte.

Scheuen Sie deshalb nicht den Kampf gegen die Schulden. So schwarz, wie man die vor sich liegende Zeit sieht, wird sie meist gar nicht. Vielleicht geht es sogar schneller, als Sie glauben. Denken Sie an den Ausspruch von Johann Wolfgang von Goethe: „Sobald der Geist auf ein Ziel gerichtet ist, kommt ihm vieles entgegen."

Ich wünsche Ihnen viel Erfolg!

Ende

www.ingramcontent.com/pod-product-compliance
Lightning Source LLC
Chambersburg PA
CBHW070959180526
45168CB00003B/1217